מחזור זה מיועד לילדים צעירים ומובאים בו רק קטעים מן התפילה
כדי להתרגל ולהתקרב לתפילת יום הכיפורים.

This *machzor* (holiday prayer book) is intended for young children
and only extracts of the prayers have been used here in order
to accustom them to the liturgy of Yom Kippur and draw them into it.

YOM KIPPUR CHILDREN'S MACHZOR

מחזור יום הכיפורים לילדים

נעם צימרמן
Noam Zimmerman

GEFEN PUBLISHING HOUSE

כל הזכויות © שמורות גפן בית הוצאה לאור בע"מ
ירושלים 2006/תשס"ז

אין לתרגם, לשכפל או להעתיק חומר כלשהו מספר זה, בכל דרך או שיטה,
בין בדפוס, צילום, העתקה, הקלטה וכו', ללא אישור מפורש בכתב מאת בעלי הזכויות.

האיורים והכתוב נלמדו מתוך מחזור המקדש ליום הכיפורים.
באדיבות מכון המקדש - ירושלים.

עיצוב דמויות מפימו: נעם צימרמן
סדר ועיצוב: סטודיו ענת ומאיה

ISBN 965-229-384-9

מהדורה 2 4 6 8 9 7 5 3 1

גפן בית הוצאה לאור בע"מ
רח' הצבי 6,
ירושלים, 94386, ישראל
972-2-5380247
orders@gefenpublishing.com

Gefen Books
600 Broadway,
Lynbrook, NY 11563, USA
1-800-477-5257
orders@gefenpublishing.com

www.israelboooks.com

נדפס בירושלים

פנה אלינו לקבלת קטלוג חינם

תוכן העניינים
CONTENTS

Evening Prayer	4	תפילת ערבית
Morning Prayer	12	תפילת שחרית
Additional Holiday Prayer	22	תפילת מוסף
Afternoon Prayer	52	תפילת מנחה
Ne'ila (Concluding) Prayer	54	תפילת נעילה

תפילת ערבית

כָּל נִדְרֵי

וְנִסְלַח לְכָל עֲדַת בְּנֵי יִשְׂרָאֵל וְלַגֵּר הַגָּר בְּתוֹכָם, כִּי לְכָל הָעָם בִּשְׁגָגָה:
סְלַח נָא לַעֲוֹן הָעָם הַזֶּה כְּגֹדֶל חַסְדֶּךָ,
וְכַאֲשֶׁר נָשָׂאתָה לָעָם הַזֶּה מִמִּצְרַיִם וְעַד הֵנָּה. וְשָׁם נֶאֱמַר:
וַיֹּאמֶר יְיָ סָלַחְתִּי כִּדְבָרֶךָ.

אָשַׁמְנוּ, בָּגַדְנוּ, גָּזַלְנוּ, דִּבַּרְנוּ דֹפִי.
הֶעֱוִינוּ, הִרְשַׁעְנוּ, זַדְנוּ, חָמַסְנוּ, טָפַלְנוּ שֶׁקֶר.

לְמַעַנְךָ אֱלֹהֵינוּ עֲשֵׂה וְלֹא לָנוּ, רְאֵה עֲמִידָתֵנוּ דַּלִּים וְרֵקִים.

תַּעֲלֶה אֲרוּכָה לְעָלֶה נִדָּף,

תִּנָּחֵם עַל עָפָר וָאֵפֶר.

כִּי הִנֵּה **כַּהֶגֶה בְּיַד הַמַּלָּח,**
בִּרְצוֹתוֹ אוֹחֵז וּבִרְצוֹתוֹ שִׁלַּח,

כֵּן אֲנַחְנוּ בְּיָדְךָ אֵל טוֹב וְסַלָּח,
לַבְּרִית הַבֵּט וְאַל תֵּפֶן לַיֵּצֶר.

תפילת שחרית

הוֹדוּ לַיְיָ בְּכִנּוֹר, בְּנֵבֶל עָשׂוֹר זַמְּרוּ לוֹ: שִׁירוּ לוֹ שִׁיר חָדָשׁ הֵיטִיבוּ נַגֵּן בִּתְרוּעָה.

אָנוּ נַחֲלָתֶךָ, וְאַתָּה גוֹרָלֵנוּ;
אָנוּ צֹאנֶךָ, וְאַתָּה רוֹעֵנוּ;
אָנוּ כַרְמֶךָ, וְאַתָּה נוֹטְרֵנוּ;
אָנוּ פְעֻלָּתֶךָ, וְאַתָּה יוֹצְרֵנוּ;
אָנוּ רַעְיָתֶךָ, וְאַתָּה דוֹדֵנוּ.

אָבִינוּ מַלְכֵּנוּ, חָטָאנוּ לְפָנֶיךָ.
אָבִינוּ מַלְכֵּנוּ, קְרַע רוֹעַ גְּזַר דִּינֵנוּ.

גזר
דין

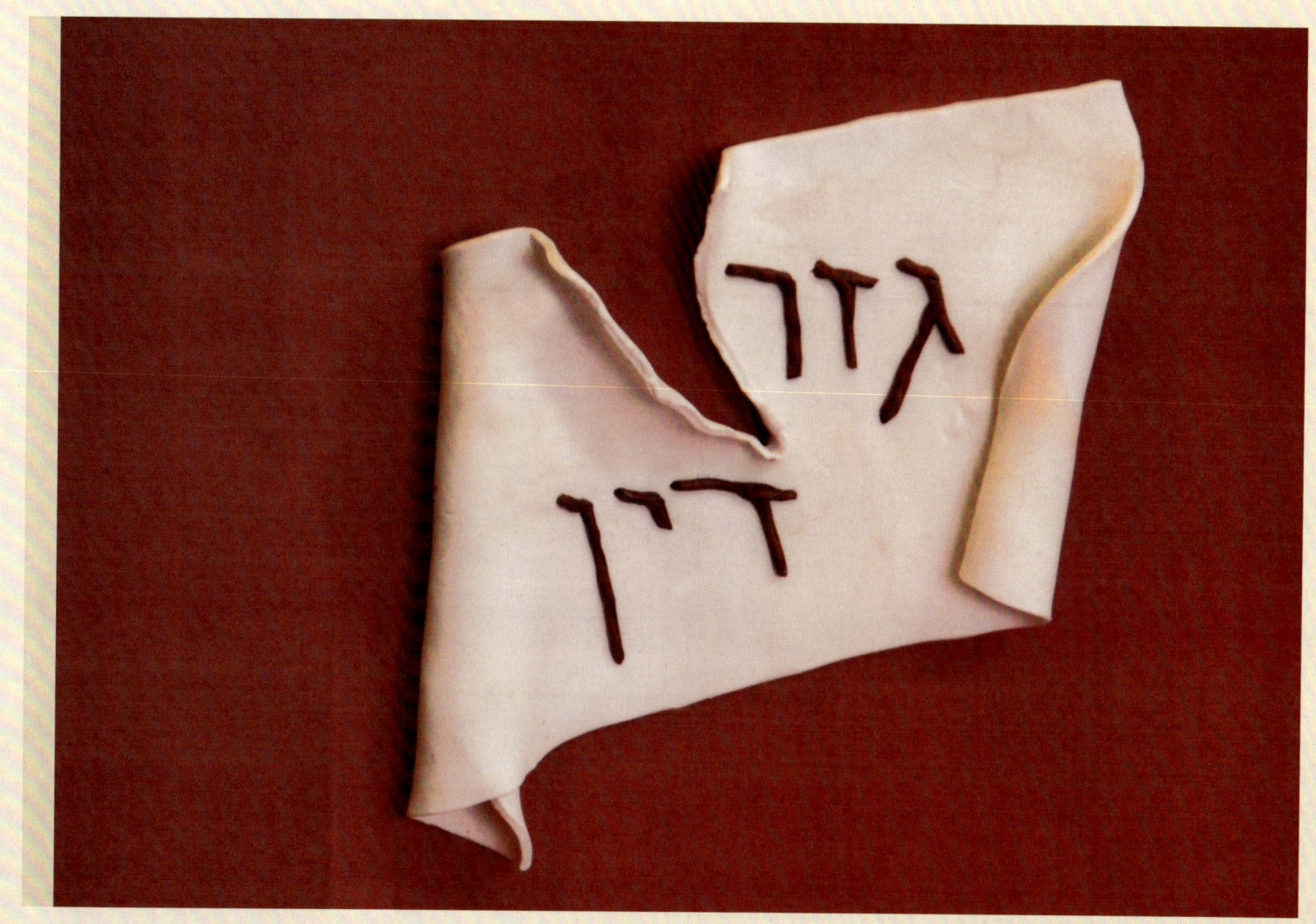

אָבִינוּ מַלְכֵּנוּ, מַלֵּא אֲסָמֵינוּ שָׂבָע.

אָבִינוּ מַלְכֵּנוּ, חֲמוֹל עָלֵינוּ וְעַל עוֹלָלֵנוּ וְטַפֵּנוּ.

אָבִינוּ מַלְכֵּנוּ, חָנֵּנוּ וַעֲנֵנוּ, כִּי אֵין בָּנוּ מַעֲשִׂים,
עֲשֵׂה עִמָּנוּ צְדָקָה וָחֶסֶד וְהוֹשִׁיעֵנוּ.

תפילת מוסף

וּנְתַנֶּה תֹּקֶף קְדֻשַּׁת הַיּוֹם, כִּי הוּא נוֹרָא וְאָיוֹם: וּבוֹ תִנָּשֵׂא מַלְכוּתֶךָ, וְיִכּוֹן בְּחֶסֶד כִּסְאֶךָ, וְתֵשֵׁב עָלָיו בֶּאֱמֶת. אֱמֶת כִּי אַתָּה הוּא דַיָּן וּמוֹכִיחַ, וְיוֹדֵעַ וָעֵד, וְכוֹתֵב וְחוֹתֵם, וְסוֹפֵר וּמוֹנֶה, וְתִזְכּוֹר כָּל הַנִּשְׁכָּחוֹת.

וְתִפְתַּח אֶת סֵפֶר הַזִּכְרוֹנוֹת,

וּמֵאֵלָיו יִקָּרֵא, וְחוֹתַם יַד כָּל אָדָם בּוֹ.

וּבְשׁוֹפָר גָּדוֹל יִתָּקַע, וְקוֹל דְּמָמָה דַקָּה יִשָּׁמַע: וּמַלְאָכִים יֵחָפֵזוּן, וְחִיל וּרְעָדָה יֹאחֵזוּן, וְיֹאמְרוּ הִנֵּה יוֹם הַדִּין, לִפְקוֹד עַל צְבָא מָרוֹם בַּדִּין, כִּי לֹא יִזְכּוּ בְעֵינֶיךָ בַּדִּין. וְכָל בָּאֵי עוֹלָם יַעַבְרוּן לְפָנֶיךָ כִּבְנֵי מָרוֹן.

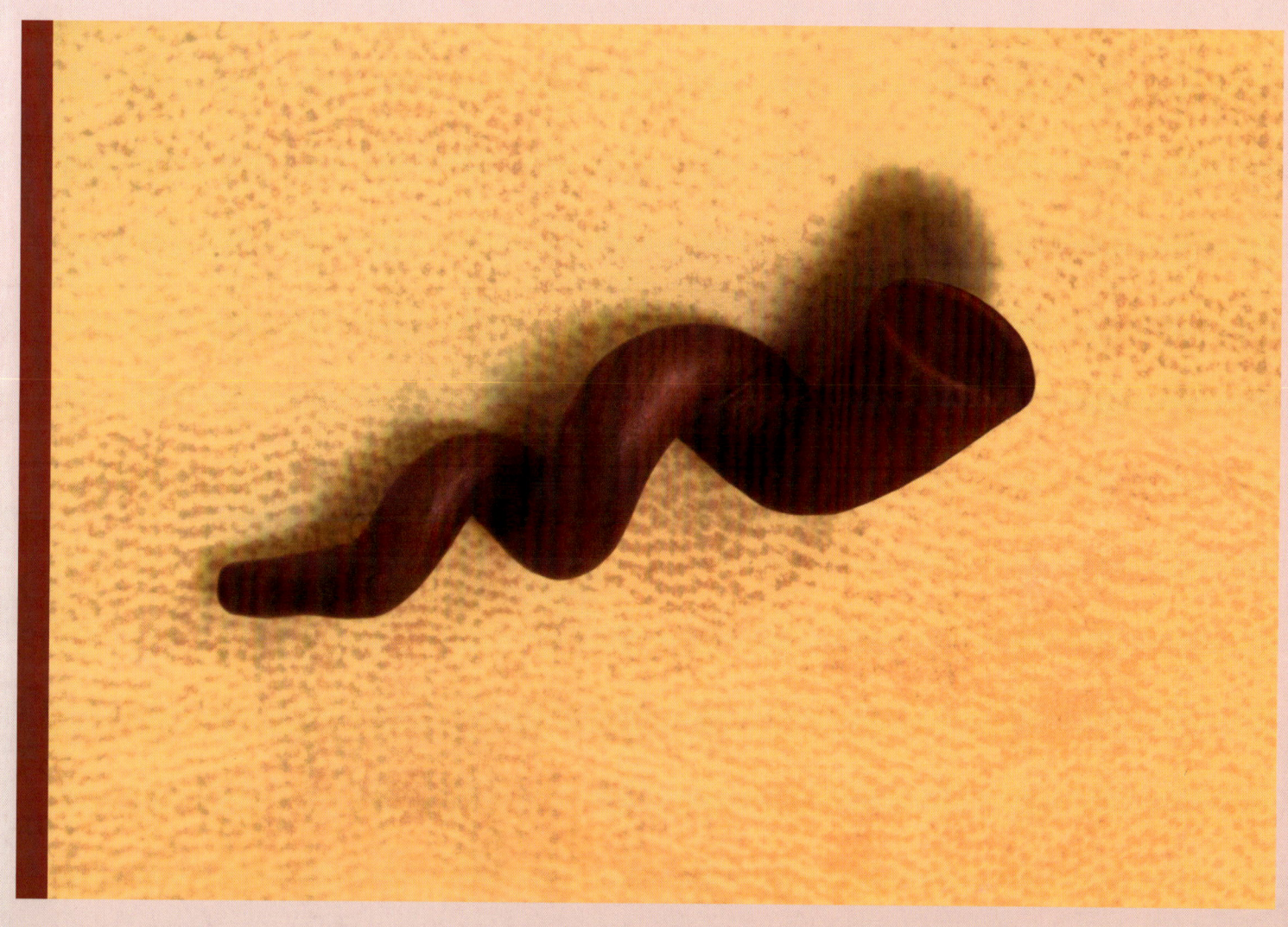

כְּבַקָּרַת רוֹעֶה עֶדְרוֹ,
מַעֲבִיר צֹאנוֹ תַּחַת שִׁבְטוֹ,

כֵּן תַּעֲבִיר וְתִסְפּוֹר וְתִמְנֶה, וְתִפְקוֹד נֶפֶשׁ כָּל חַי,
וְתַחְתּוֹךְ קִצְבָה לְכָל בְּרִיּוֹתֶיךָ,
וְתִכְתּוֹב אֶת גְּזַר דִּינָם.

וּתְשׁוּבָה וּתְפִלָּה וּצְדָקָה
מַעֲבִירִין אֶת רֹעַ הַגְּזֵרָה.

סליחה...

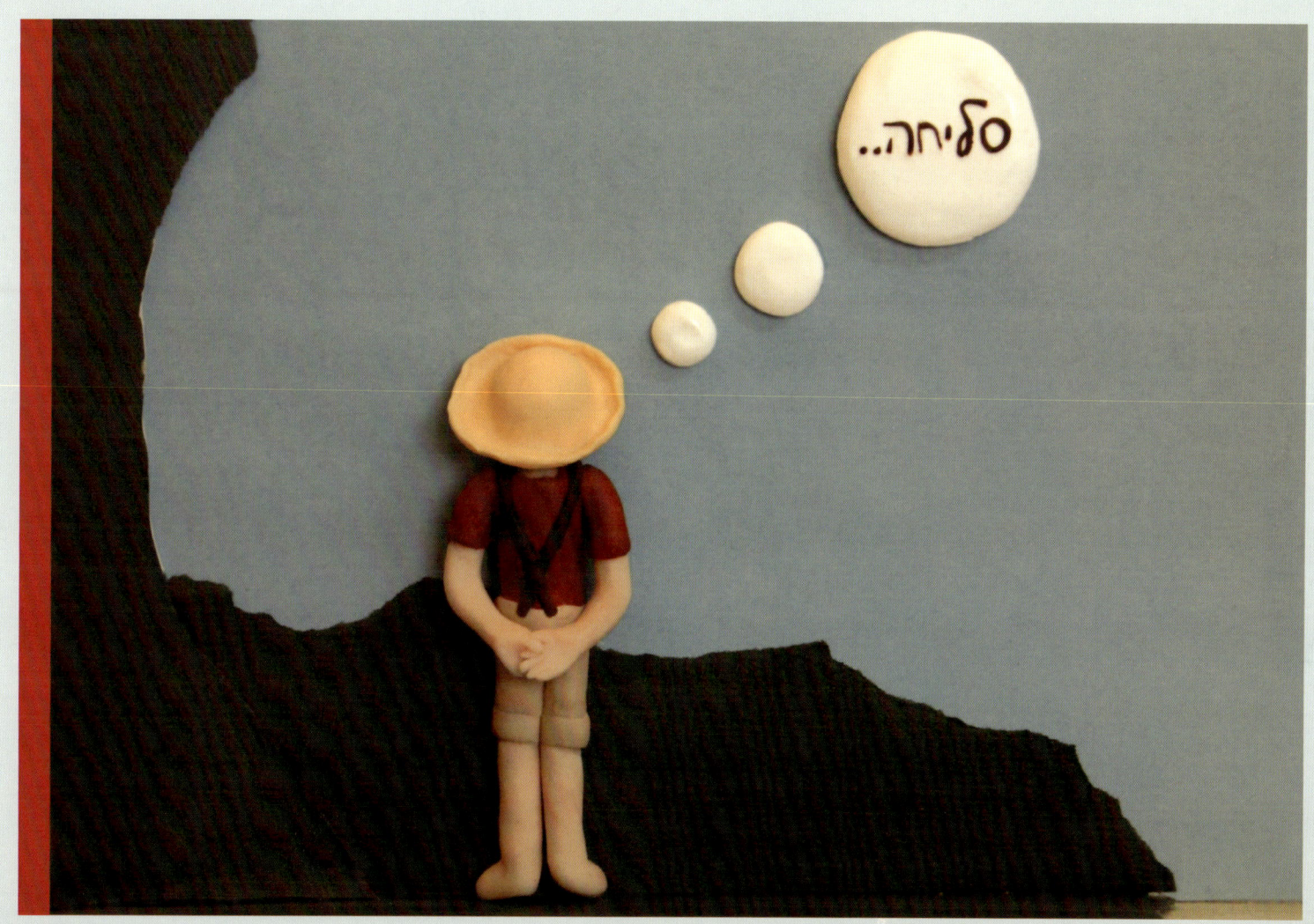

וּתְשׁוּבָה **וּתְפִלָּה** וּצְדָקָה מַעֲבִירִין אֶת רֹעַ הַגְּזֵרָה.

וּתְשׁוּבָה וּתְפִלָּה וּצְדָקָה
מַעֲבִירִין אֶת רֹעַ הַגְּזֵרָה.

מָשׁוּל כְּחֶרֶס הַנִּשְׁבָּר,
כְּחָצִיר יָבֵשׁ
וּכְצִיץ נוֹבֵל, כְּצֵל עוֹבֵר, וּכְעָנָן כָּלֶה,
וּכְרוּחַ נוֹשָׁבֶת, וּכְאָבָק פּוֹרֵחַ,
וְכַחֲלוֹם יָעוּף.

חֹק בְּרִית קֶשֶׁת לְמַעֲנוּ כָּרַתָּ,
וּבְאַהֲבַת נִיחוֹחוּ בָּנָיו בֵּרַכְתָּ.

נָתַתָּ לוֹ שְׁנֵים עָשָׂר שְׁבָטִים
אֲהוּבֵי עֶלְיוֹן עֲמוּסִים מִבֶּטֶן נִקְרָאוּ.

צִיץ וּמְעִיל, חֹשֶׁן וְאֵפוֹד,
כֻּתֹנֶת וּמִכְנְסֵי בַד,
מִצְנֶפֶת וְאַבְנֵט.

נָתְנוּ לוֹ בִּגְדֵי זָהָב וְלָבַשׁ,
וְקִדֵּשׁ יָדָיו וְרַגְלָיו מִקִּיתוֹן שֶׁל זָהָב.

זֵרֵז עַצְמוֹ וְנִכְנַס לְקֹדֶשׁ הַקֳּדָשִׁים עַד שֶׁמַּגִּיעַ לָאָרוֹן,
וְהִנִּיחַ הַמַּחְתָּה בֵּין בַּדֵּי הָאָרוֹן.

חָפַן כָּל הַקְּטֹרֶת שֶׁבַּכַּף בְּחָפְנָיו, וְצָבַר עַל הַגֶּחָלִים לְצַד מַעֲרָב,
וּמַמְתִּין שָׁם עַד שֶׁנִּתְמַלֵּא הַבַּיִת כֻּלּוֹ עָשָׁן.

מִהַר וְנָטַל דַם הַפָּר מִן הַכַּן שֶׁהִנִּיחַ עָלָיו,

וְטוֹבֵל אֶצְבָּעוֹ...
וְהִזָּה מִמֶּנּוּ עַל הַפָּרֹכֶת...

וְכָךְ הָיָה מוֹנֶה: אַחַת!

אַחַת וְאַחַת, אַחַת וּשְׁתַּיִם, אַחַת וְשָׁלֹשׁ, אַחַת וְאַרְבַּע, אַחַת וְחָמֵשׁ, אַחַת וָשֵׁשׁ, אַחַת וָשֶׁבַע!

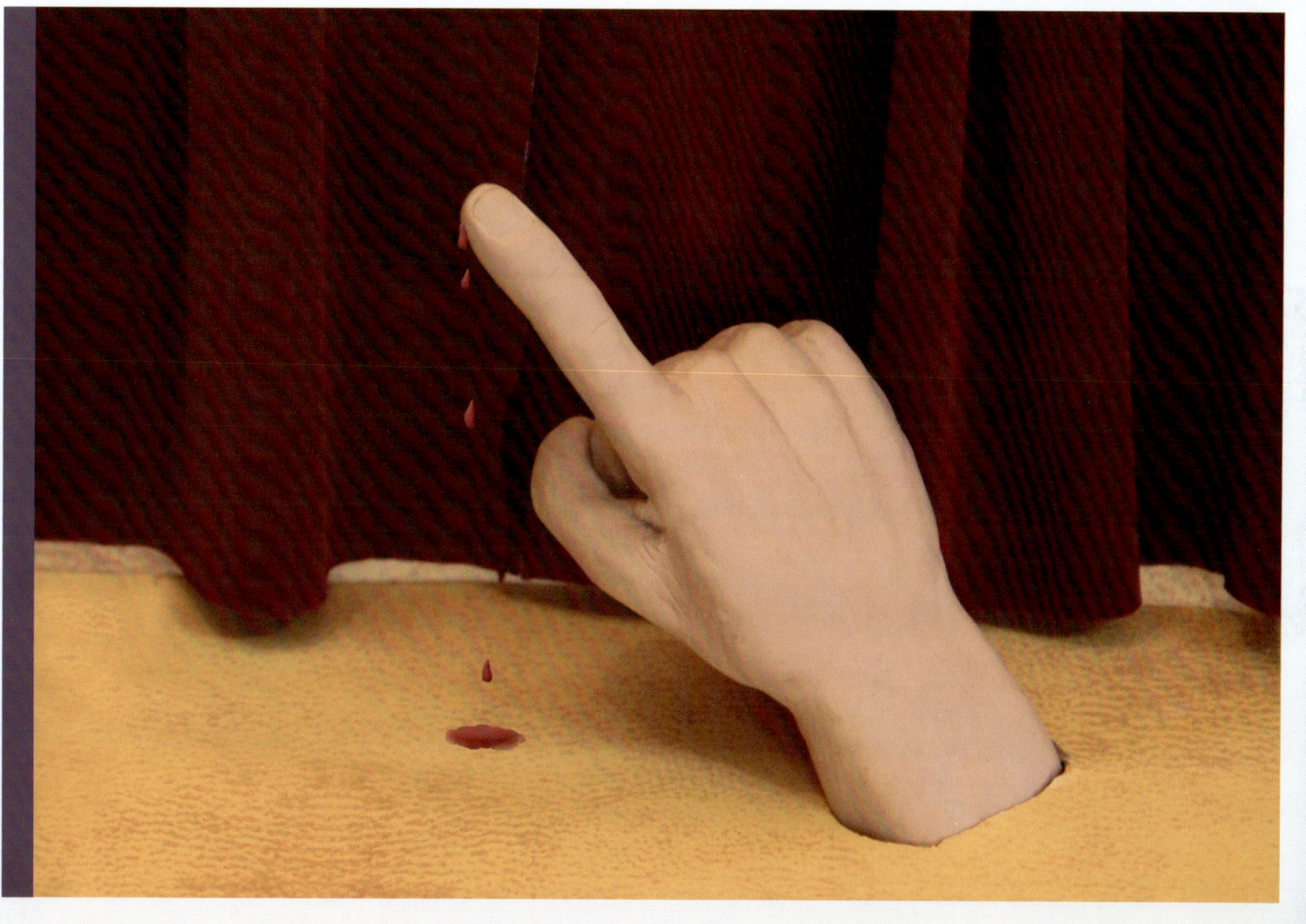

וְהַכֹּהֲנִים וְהָעָם הָעוֹמְדִים בָּעֲזָרָה,
כְּשֶׁהָיוּ שׁוֹמְעִים אֶת הַשֵּׁם
הַנִּכְבָּד וְהַנּוֹרָא,
מְפֹרָשׁ יוֹצֵא מִפִּי כֹהֵן גָּדוֹל
בִּקְדֻשָּׁה וּבְטָהֳרָה,

הָיוּ כּוֹרְעִים וּמִשְׁתַּחֲוִים וְנוֹפְלִים עַל פְּנֵיהֶם, וְאוֹמְרִים:

בָּרוּךְ שֵׁם כְּבוֹד מַלְכוּתוֹ לְעוֹלָם וָעֶד.

...וּפָשַׁט בִּגְדֵי זָהָב. הֵבִיאוּ לוֹ בִּגְדֵי עַצְמוֹ וְלָבַשׁ, וּמְלַוִּין אוֹתוֹ עַד בֵּיתוֹ.
וְיוֹם טוֹב הָיָה עוֹשֶׂה בְּצֵאתוֹ בְּשָׁלוֹם מִן הַקֹּדֶשׁ.

וּבְכֵן מַה נֶּהְדָּר הָיָה כֹּהֵן גָּדוֹל בְּצֵאתוֹ בְּשָׁלוֹם מִן הַקֹּדֶשׁ.

כְּאֹהֶל הַנִּמְתָּח בְּדָרֵי מַעְלָה, מַרְאֵה כֹהֵן.

כִּבְרָקִים הַיּוֹצְאִים מִזִּיו הַחַיּוֹת, מַרְאֵה כֹהֵן.

כְּגֹדֶל גְּדִילִים בְּאַרְבַּע קְצָווֹת, מַרְאֵה כֹהֵן.

כִּדְמוּת הַקֶּשֶׁת בְּתוֹךְ הֶעָנָן, מַרְאֵה כֹהֵן.

כְּהוֹד אֲשֶׁר הִלְבִּישׁ צוּר לִיצוּרִים, מַרְאֵה כֹהֵן.

כְּוֶרֶד הַנָּתוּן בְּתוֹךְ גִּנַּת חֶמֶד, מַרְאֵה כֹהֵן.

תפילת מנחה

הַלְבֵּן חֲטָאֵינוּ כַּשֶּׁלֶג וְכַצֶּמֶר
כְּמָה שֶׁכָּתוּב: לְכוּ נָא וְנִוָּכְחָה, יֹאמַר יְיָ

אִם יִהְיוּ חֲטָאֵיכֶם כַּשָּׁנִים, כַּשֶּׁלֶג יַלְבִּינוּ
אִם יַאְדִּימוּ כַתּוֹלָע, כַּצֶּמֶר יִהְיוּ.

חטאים

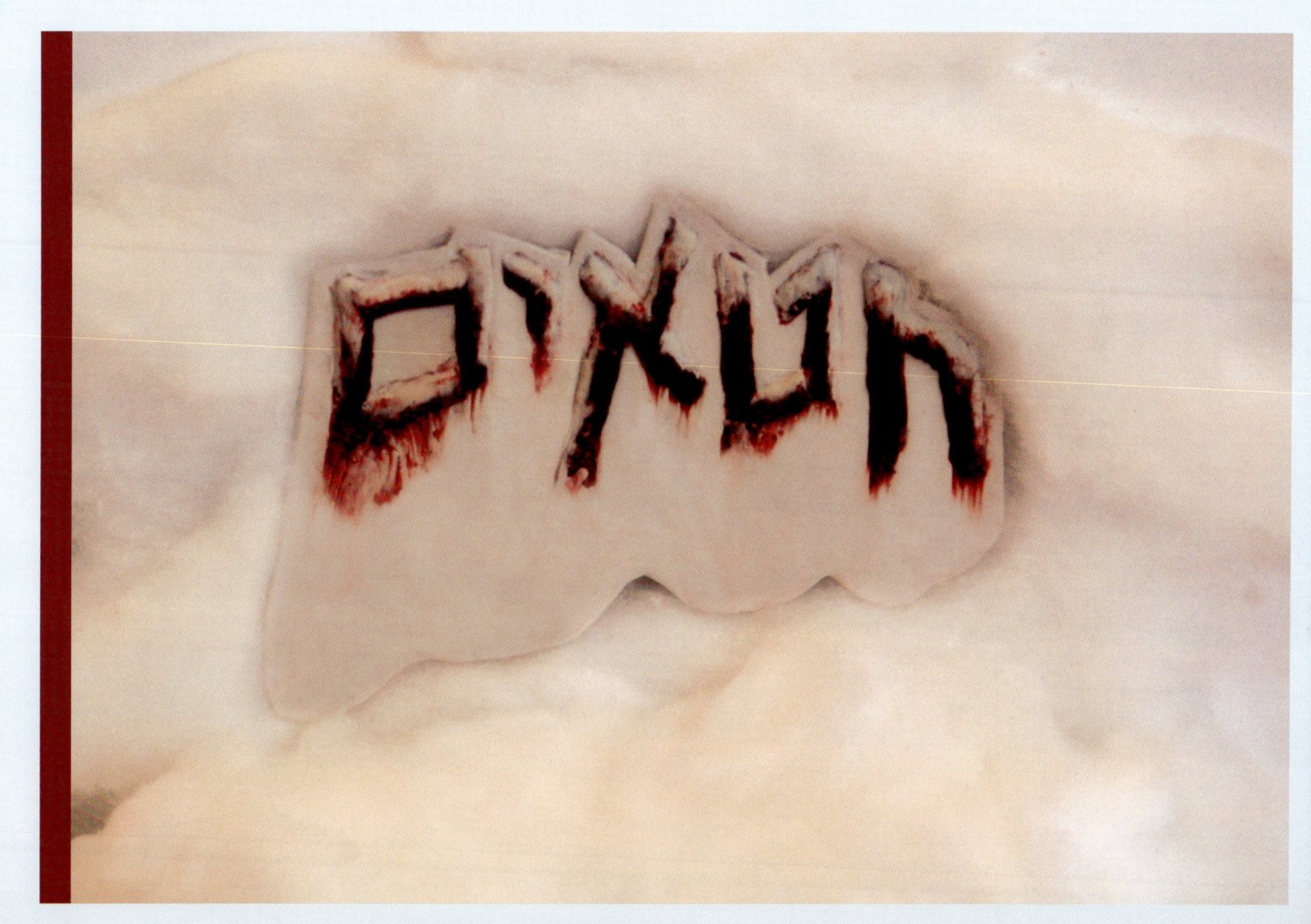

תפילת נעילה

פְּתַח לָנוּ שַׁעַר, בְּעֵת נְעִילַת שַׁעַר, כִּי פָנָה יוֹם.

הַיּוֹם יִפְנֶה, הַשֶּׁמֶשׁ יָבֹא וְיִפְנֶה, **נָבוֹאָה שְׁעָרֶיךָ.**

אֵל מֶלֶךְ...

אֵל הוֹרֵיתָ לָנוּ לוֹמַר שְׁלֹשׁ עֶשְׂרֵה.
וּזְכֹר לָנוּ הַיּוֹם בְּרִית שְׁלֹשׁ עֶשְׂרֵה.
כְּמוֹ שֶׁהוֹדַעְתָּ לֶעָנָו מִקֶּדֶם...
וַיַּעֲבוֹר יְיָ עַל פָּנָיו וַיִּקְרָא:

יְיָ, יְיָ, אֵל רַחוּם וְחַנּוּן
אֶרֶךְ אַפַּיִם וְרַב־חֶסֶד וֶאֱמֶת.
נֹצֵר־חֶסֶד לָאֲלָפִים
נֹשֵׂא־עָוֹן וָפֶשַׁע וְחַטָּאָה וְנַקֵּה.

וַחֲתֹם לְחַיִּים טוֹבִים כָּל בְּנֵי בְרִיתֶךָ.

בְּסֵפֶר חַיִּים, בְּרָכָה וְשָׁלוֹם, וּפַרְנָסָה טוֹבָה נִזָּכֵר וְנֵחָתֵם לְפָנֶיךָ, אֲנַחְנוּ וְכָל עַמְּךָ בֵּית יִשְׂרָאֵל, לְחַיִּים טוֹבִים וּלְשָׁלוֹם.

שְׁמַע יִשְׂרָאֵל, יְיָ אֱלֹהֵינוּ, יְיָ אֶחָד:

שלש פעמים:

בָּרוּךְ שֵׁם כְּבוֹד מַלְכוּתוֹ לְעוֹלָם וָעֶד:

שבע פעמים:

יְיָ הוּא הָאֱלֹהִים:

ותוקעין בשופר

לַשָּׁנָה הַבָּאָה בִּירוּשָׁלָיִם!

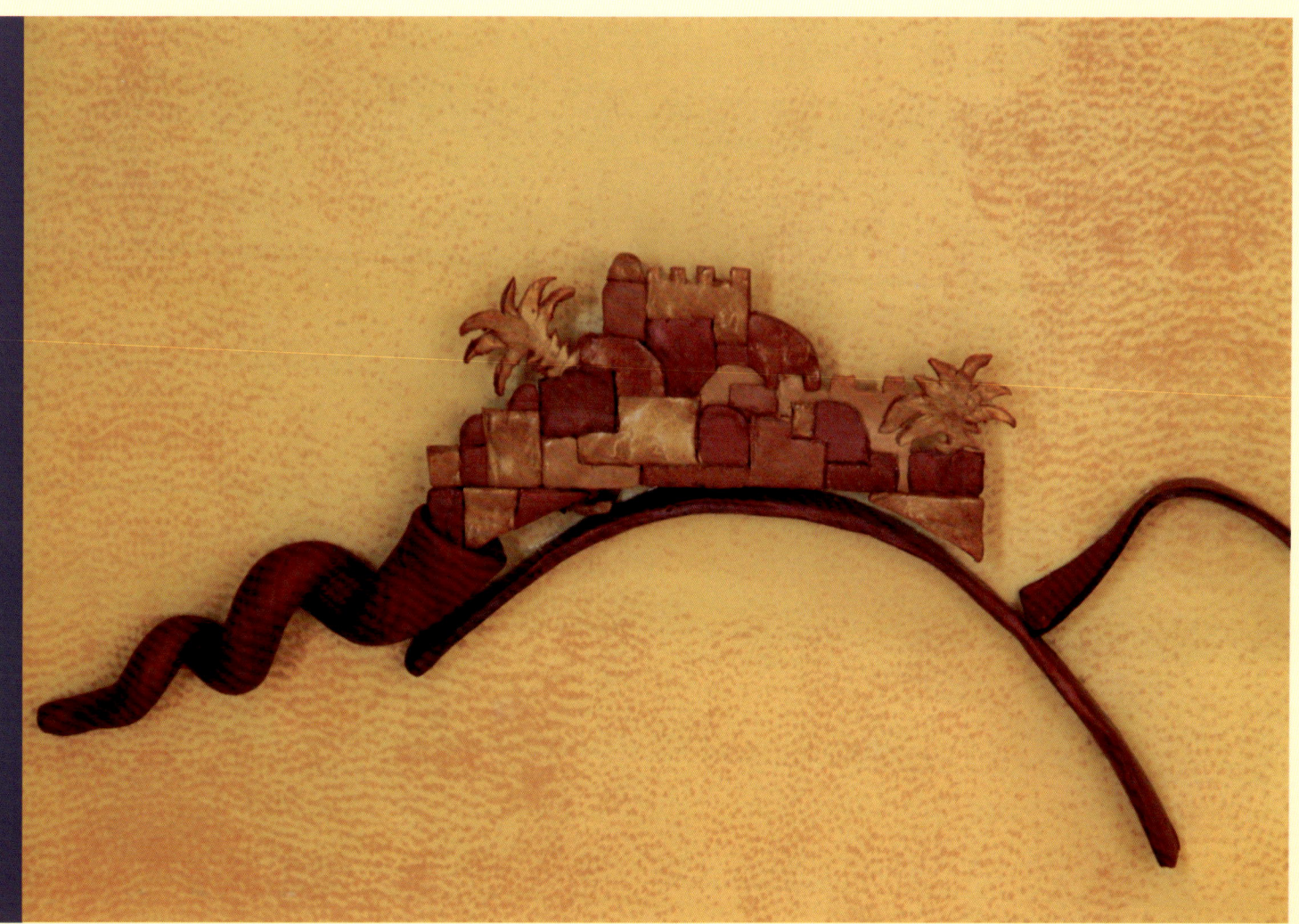